JN411584

# 엉겅퀴꽃, 흔들리다

조의연 시집

시와사람

**엉겅퀴꽃, 흔들리다**

2023년 6월 20일 인쇄
2023년 6월 30일 발행

지은이 조의연

펴낸이 강경호 편집장 강나루 디자인 정찬애
펴낸곳 도서출판 시와사람
등록 1994년 6월 10일 제 05-01-0155호
주소 광주시 동구 양림로119번길 21-1(학동)
전화 (062)224-5319 E-mail jcapoet@hanmail.net

ISBN 978-89-5665-676-2 03810

· 잘못된 책은 구입하신 서점에서 바꾸어 드립니다.
· 이 책은 전라남도문화재단에서 제작비 일부를 지원받았습니다.
· 값은 표지에 있습니다.

이 도서의 국립중앙도서관 출판예정도서목록(CIP)은
서지정보유통지원시스템 홈페이지(http://seoji.nl.go.kr)와
국가자료종합목록 구축시스템(http://kolis-net.nl.go.kr)에서
이용하실 수 있습니다.

# 엉겅퀴꽃, 흔들리다

# 작가의 말

홀로 숲에 들면 수많은 이야기들이
말을 걸어온다.
이파리, 잡초, 들꽃송이, 나비, 다람쥐들……
산길을 오를 때 말 걸어오는 나무들을
외면할 수가 없다.
마음은 바쁜데 걸음은 자꾸 흔들거린다.
살아있는 것들은 자신이 살아가야 하는
이유를 몸이나 울음소리로 표현한다.
사물 속에 녹아 있는 침묵의 언어들,
그 놀라움과 새로움을 찾아 서성거리는 것이
내가 살아가는 일이다.
요즘은 많은 것들이 그리움으로 다가온다.
바람 불면 같이 흔들리고, 장대비 쏟아지면 함께 맞고
눈보라 휘몰아치면 등 기대어 견뎌 왔던 추억들,
옛것을 그리워함은 생이 농창하게 익어 가는 과정이리라.

길 떠나는 내 그리움의 어린 싹들이 숲과 어울려
아름다워지기를……

2023. 5월
저자 조의연

엉겅퀴꽃, 흔들리다/ 차례



## 제1부 옹이의 집

## 제2부 이미와 아직 사이에서

## 제3부 까마중의 영토

## 제4부 어린왕자를 그리며

## 제5부 구절초 사랑



작품론

제1부

# 옹이의 집

# 폭포 아래서

낙화암 삼천 궁녀의 붉은 목숨처럼
떨어진 자리에
웅성거리며 일어서는 흰 옷자락
생때 같은 여인들 애끓는 아우성에
산봉우리 놀라 휘파람 소리를 낸다
물거품이 연못 하나를 삼키고 맴돌이하며
역사의 뒤안길로 떠나는 구舊신들

나뭇잎 파란 날개 펴고 망묵굿 올리고
일제히 고개를 숙인다

# 불갑사 꽃무릇

중생衆生을 인도하는 불경의 말씀들이
수만 송이 꽃으로 빨갛게 피어나서
몰려드는 사람들의 시선을 사로잡고 있다
굽이굽이 갈래길을 따라 대웅전에
머리 조아려 기도하는 사람들
얼굴빛이 환하다

산등성이마다 불꽃으로 타고 있는
마음을 다스리며
열매 없다고 기죽지 말거라
한때 아름다운 생이면 족하니라
꽃송이를 둘러싼 수술들의
칼날 같은 죽비 소리를 뒤로하고
흐트러진 옷매무새를 가다듬고
세상속으로 되돌아 나온다.

# 옹이의 집

아득한 옛날부터
나무의 수많은 이파리가
피고 지고, 쉬지 않고 흔들리며
잔가지들 바람에 힘없이 꺾이는 아픔을 바라보면서
나무는 견디어 왔다
그래도 억울하게 풀 수 없는 매듭들이 웅크려 있다가
이파리의 몽니들과 나무의 겨드랑이 밑에
모여들기 시작하였다
먼 곳을 자유롭게 다녀온 바람의 스쳐 지나가는 이야기며
새들이 주둥이로 물고 와 조잘거리는
먼 도시, 간신히 목숨 부지한 이야기를
다 삭히지 못해 응어리진 언어들도
한 가닥 두 가닥 함께 들어앉았다

자귀나무의 꽃들이 피고
자작나무 잎들이 하얗게 일어서도
속홀씨의 꿈 조각들을 품에 안은 소년들의 기도가
나무의 옆구리 둥근 집으로 들어서는 날
옹이는 부풀대로 부풀어서

밤새 '끙 끙' 앓다가 몸뚱이에 종기가 되어
딱딱하게 굳었다
빗장 걸린 둥근 집 한 채가 되었다

# 화음和音

나무는 다른 손이 쑥 옆구리를 파고들어와
속셈을 보여도 욕하지 않는다
소리 없이 자신의 팔을 내려준다
뻐꾸기 밤마다 산천이 들썩이게 울어서
깊은 잠 설쳐도
시끄럽다고 화를 내는 새는 없다
개울물은 맑고 차분하게  합창을 한다

가을날
똘감나무 열매 해찰하다가
소나무 정수리에 털썩 떨어져 붉은 물감
온몸에 뒤집어써도
'감나무네 아가들 집 떠나는구나'
고개를 끄덕이는 소나무.
개똥벌레는 개똥을 굴리고
불개미는 붉은 힘을 합하고
두더지는 타고난 기술로
땅을 일구어가는 숲.
사시사철 바람의 연주에 맞춰

노랫소리가 파랗게 일렁이는 세상.
해님은 하늘문 열고 온힘 다해 햇빛을 내려보낸다

# 바다의 꿈

봄처녀 기다리는 섬 머스마
한참도 앉아있지 못하고
가로 뛰고 세로 뛰고 갈피를 못 잡는다
우 ~ 우 모랫벌을 내달다가
다시 되돌아와 먼 수평선 넋 잃고 바라보더니
열병앓이 가슴만 울렁울렁.
결국, 태풍의 몰매 한 번 야무지게 얻어맞고
방파제에 처박히더니
하얗게 벌떡 일어서고 있다
갈매기 떼로 몰려와 손뼉을 친다

# 그리움

출렁거리는 옷 벗어버린 갯벌이
수줍은 듯 웅크리고 앉아있다
만 가지 용궁의
속살을 들켜버리고
어찌할 수 없어 꼼지락거리며 돌아앉아 있는
갯바위들이 헛웃음을 웃는다
게들이 웅성거리며 발가벗은 알몸뚱이를
가려주고 있다

바닷물을 기다리는 사금파리 마음들이
어 영 차!
힘을 모아 끌어당기자
파도가 하얗게 다시 돌아온다

날마다 파도는 헐떡거리며 달려왔다 뒤돌아 선다.

# 노란 장미꽃이 피는 집

울타리에 노랑 장미 꽃송이들이
흐드러져 피었다
할머니 홀로 마당가를 서성거린다
샛노란 꽃가루 사방으로 휘날린다
모두 떠난 빈 집.
누군가 창문을 두드릴 것만 같은데
바람만 휘적휘적 골목길을 휘몰아다니며
장난질을 한다
노인은 뭉쳐둔 몽니 풀어 중얼거리고
노랑 장미꽃 귀를 쫑긋
이야기를 듣는다
누룩뱀 한 마리가 흙담 넘어간다
시간은 가시덤불 성성한 길을 돌아
한 번 뒤엉킨다.

석양을 들쳐메고
밤은 한 발자국씩 다가오는데
하늘의 별들은 상여꽃으로 피고
떨어지는 꽃잎과 피어나는 꽃잎이 서로 엇갈린다

노랑 장미꽃잎 팽목항 리본들처럼
한 잎 두 잎
쭈그렁바가지 먼 길 떠날 채비 돕고 있다

까마귀 한 마리 지붕 위에 앉아 듬성듬성 울고 있다.

# 명옥헌의 실개천

백일홍꽃이 중얼거린다
8월의 꽃그늘 아래
'쫄 쫄 쫄 쫄 쫄'
물방울 굴러가는 소리 더위 먹은 정원의
지친 나무들을 일으켜 세운다
먼 곳에서 낮닭 울음 소리 아련히 들리고
덩치 큰 소나무 위에서 이름 모를 새가 운다
붉은 꽃이파리들 귀를 기울이는데
정자를 끌어안고 흐르는 긴 발자국 소리
실개천이 속삭이는 소리를 왕매미가 흉을 낸다

어디에서 찾아온 걸음일까
낙엽을 헤치고, 이끼 낀 바위 틈을 지나
순례자처럼 연못으로 모여드는 물방울이
흰 연꽃송이를 밀어올렸다

연못에 풍덩 뛰어든 하늘
구름은 천 개의 얼굴로 물결 위에
그림을 그리고 나무들 연못 속에 거꾸로 매달렸다

빨간 꽃숭어리 떨어져 못물 위에서 늦은강강술래를 한다
실개천의 마중물이 된 연못
서로 얼싸안고 깊어진다
백일홍 붉은 꽃잎배 타고 노는
소금쟁이 퉁, 퉁, 발자국 소리
정자에 한가롭다

# 엉겅퀴꽃, 흔들리다

팜므파탈 그녀
어쩌다 깊은 산골 마을까지 굴러와
길가에 널브러져 앉아 오가는
사람들 설레게 한다
그녀가 사는 땅은 메마르고 거친 곳
견디고 견디던 세월이 몸뚱이에 가시로 솟아났을까
빗방울 맺힌 이파리에 들끓는 열병의
꽃잎들이 피어오른다
한 뭉텅이 실타래 같은 여자의 마음자리가
환하다
지난 세월의 한은 누구도 달래주질 못하고
헝클어진 품에서 키워낸 그리움의
옹골찬 언어들이
보랏빛 미소로 익어가고 있다

오솔길의 길섶
꽃 한 송이 바람의 장난질에 그네를 타고
벌나비 떼가 날아와 앉아 함께 흔들린다
산 너머에서 소쩍새는 울고,

울화를 다스리며 피어있는 꽃송이
그리움의 빈 웅덩이 아래
해찰하듯 서 있는 엉겅퀴꽃 한 포기.

# 도리깨질 소리

엉덩이를 얻어맞은 콩알들
후다다닥 후다다닥
마당가로 굴러갑니다
서리 맞은 국화꽃들이 움찔 소스라칩니다
이것을 본 수탉 한 마리
두 눈을 부라리고 뒤뚱거리며 잡으러 갑니다
삐걱거리는 도리깨질 소리에
잠자던 앞마당의 식구들이
가을 잔치준비를 합니다.
소란스럽습니다

쭉정이와 알맹이가 서로 다른 길을 갑니다.

# 귀뚜라미 울음 소리

떡갈잎 울음 소리에
가을 하늘이 출렁거린다
구름 한뭉텅이 걸음걸이가 바쁘다
귀뚜라미 울음을 등에 얹고 떠나는 가을
밤새 부스럭거리며 익어간다
떨어지는 이파리들 오색 빛깔 옷을 입었다
하늘에는 파랗게 커다란 구멍이 뚫렸다.
겨울의 문턱이다
긴 잠을 자야겠다

봄꽃은 꿈속에서 만나야 한다

# 호암정원의 소나무들

올림픽경기장
세계를 제패한 선수들 가장 높은 단 위에 서서
하늘을 향해 펄럭이며 올라가는 태극기와
애국가가 울려 퍼지고
두 손을 가슴에 모으고 흘리는
뜨거운 눈물 방울.

태풍이 몰아치고
눈보라 휘날리는 날도
이 날을 위해 뛰고 뒹굴었던
몸뚱이에는 굳은 살이 박히고
흘린 땀방울이 쌓여서 이룬 꿈이
휘날리며 나라의 얼굴로 펄럭인다
일렬로 나란히 서서 손을 맞잡고
금메달을 목에 건 선수들이
비 오는 날 호암정원의 푸른 소나무들이 되어
눈물을 '뚝 뚝' 떨구고 서 있었다.

# 비밀번호

숲은 입을 다물고 말이 없다
아무도 모르는 비밀번호
너와 나의 약속
조팝꽃으로 피어난 이야기들은
바람 부는 날 어느 집 창가에서 서성거릴까

꽃잎이 진 자리의 흔적들은
뒷이야기가 만삭이 되어 부풀고
봄날 피어나는
개나리, 진달래, 벚꽃, 목련꽃, 제비꽃, 민들레꽃……
땅을 뒤덮은 꽃들은
열매 맺는 비밀번호를 풀고 있다
그대와 나의 먼 갈림길.
바람의 끝자락을 헤매고 있는 하늬바람 한 가닥
내 창가에서 기웃거린다
달빛이 물끄러미 내려다보고 있다.

# 나주호

시나브로 실 가닥의 물줄기들이
웅덩이에 모여들어
골골이 얽힌 저마다의 깊은 한을
가슴 열어 풀어놓고
이야기꽃을 피우는데
먼 산봉우리들이 고개를 끄덕인다
물비늘은 살아서 햇빛을 받아내고
강은 출렁거리며 길을 찾아 떠난다.
하늘도 함께 따라나선다.

# 제2부

# 이미와 아직 사이에서

# 어울리다

앞 봉우리가 뒷 봉우리를 어부바하고
그 뒤 봉우리는 더 높은 바위산 봉우리를 업고
그 뒤 봉우리는
더 높은 할아버지 봉우리를 업고 또 업고……
첩첩이 기대어 살아가는 산봉우리들.
그 품안에서 골짜기에 햇살은 찾아들고
숲들이 파랗게 꿈틀거리며 살아가는
겹겹이 어울린 세상.
늘 푸른 모습으로 노송은 곧게 서서
사시사철 푸른 힘을 보태고 서 있다.

## 청춘

푸르러서 봄이다
'쑥 쑥' 자라나서 봄이다
천방지축 꿈틀거려서 봄이다
오만해서 봄이다

새들이 쯧 쯧 쯧 고개를 흔들며 날아간다.

# 이미와 아직 사이에서

이미 살아온 시간을 구슬로 빚어
무명실에 꿰어 또아리를 틀면
그 꾸러미는 몇 개나 될까
열매 없는 시간은 모두 어디로 갔을까?
온 힘 다하여 살았다고 나무들은 우쭐대고
바람의 심술에 구멍 뚫리고 바래서
먹구름 빛깔을 가졌노라고
옥잠화 꽃송이 고개를 흔든다
붉게 핀 석류꽃이면 어떻고,
노랗게 질려 살아온 피나물꽃이면 어찌하리
이미 지나간 세월은 되돌아올 줄 모르고
뒷골목으로 달려가는데 붙잡을 수가 없다
하루살이는 단 하루 허공을 돌고 돌았는데
단풍나무 이파리가 빨간 물이 들었다.

아직 남아있는 세월을 빚어
옥구슬 한 꾸러미 꿰어야 하는데
강물은 쉬지 않고 출렁거리며 갈 길을 가고
얕은 물가에서 조약돌을 만지작거리며

노인과 바다*의 주인공처럼
큰 물고기 한 마리 낚아올릴 수 있을까
물비늘은 쉼 없이 햇살을 받아 반짝거린다
멀리서 오는 친구를 기다렸다가
언덕 위로 올라가 뒤돌아보자
이미는 떠났다 아직을 웃음으로 맞이해야지
이미가 아직을 끌고 반대쪽으로 달아나며 줄다리기를 한다
팽팽하다.

*어니스트 헤밍웨이 「노인과 바다」

# 목걸이

목에 걸린 가시.
서투른 첫사랑의 기억
말없이 매달려서 출렁거리는 힘

밥 넘어갈 때마다 덜그럭거리는 마음의 짐
기억을 자라게 하는 은빛 사슬.

목에 걸린 진주목걸이 하나가
추억들을 불러들여
온 밤 내내 수선스럽게 들끓는다

# 다듬이 소리

잠든 마을이 화들짝 깨어난다
동구 어귀에서 개가 컹컹 짖는다
바람의 장난질이 문밖에 서성이는데
휘모리장단으로 쏟아지는 다듬이 소리가
여인의 닳은 치맛자락을 끌고 온다
먼 산허리에서 소쩍새 울고

옥양목 두루마기 자락 주름 펴지듯
응어리진 여인들의 한이 멀리 달아난다
달은 터벅터벅 서산 봉우리 넘어가고
새벽녘
어머니 떠난 발걸음 소리
동구 밖 당산나무 가지마다 앉아 있다.

# 가을 단풍잎에 햇살이 닿을 때

늦가을 단풍잎에 햇살이 닿으면
피부 속으로 비비적거리며 스며드는 햇살의 손길에
이파리들이 무지갯빛으로 팔딱거린다
나뭇가지를 붙잡고 허둥대던 이파리 한 잎
힘을 다해 온갖 빛깔로 출렁거린다
지고 나면 다시 피어나지 못하고
떠나가야 할 칡넝쿨 사이의 실낱 같은 길
햇빛과 비바람에 몰매를 얼마나 맞았으면
저리 붉은 핏물이 온 몸을 물들였을까
생의 마지막 강
아쉬움에 걸음마다 그리움이 문신으로 찍혀서 아프다
영롱한 빛깔의 나뭇잎을 깊이 들여다보면
상처 없는 몸뚱이는 하나도 없다.

화장化粧을 끝낸 나뭇잎들을
밝은 햇살이 어루만진다.
바람 한 자락에 빛깔들이 온 산을 휘몰아간다
무슨 사랑이 저리도 간절하여
밤낮도 없이 활활 타고 있을까

노랗게 질린 생이 노랗게 물이 들고
타오르던 생과 꿈도 이젠 갈무리하는 시간들이다
은행잎도 더는 버티지 못해 '우수수' 내려앉는다
마지막 삶이 저토록 영롱한 빛깔로 떠날 수 있다면
떠났던 영혼들이 다시 되돌아와
그대와 나 사이에 얽힌 붉은 사랑,
진혼鎭魂의 걸음걸음을 축복해 줄 수 있을까.

# 터널 입구에서

- 아버지

말똥구리 몸뚱이 열 배의 말똥을 뭉쳐지고
온 힘 다해 황톳길 간다
길은 울퉁불퉁 가시밭길
궁굴리고 또 궁굴리고
둥글어져야만 집으로 갈 수 있는 길
돌 개울물에 날은 저물고,
웅덩이에 빠진 말똥은 움직이지 않고
말똥구리 나뒹굴었다 다시 일어선다

바위의 무게를 짊어진 말똥구리
가쁜 숨 헐떡이며 언덕길 넘어간다
알맹이 한 끼 눈망울들 온 몸에 달고
바랑에 석양 들쳐업고
깊은 터널 입구에서 서성거린다.
건너야 할 터널의 끝에 햇살이 환하다

# 벚꽃잎 무늬

어젯밤 바람 지나갔다
놀이터 농구장 옥색 바탕에 뒹구는
분홍 꽃 이파리들이 꽃수를 놓았다
어머니, 젊은 나의 어머니
해진 무명치마 입고 떠난 한이 쌓여
옥색의 비단치마를 걸치고
꽃가마 타고 갔던
이승의 길로 다시 되돌아와 환하게 피었을까.
붉은 날개가 된 꽃잎
바닥에서 꿈틀거린다

쌀밥 한 숟갈 목에 걸려
넘기지 못하고 헐렁한 달빛 어깨에 메고
천 년 만 년을 다시 피어오르는 꽃봉오리.
봄이면 되돌아왔다 다시 떠나는 길
꽃잎으로 뒹굴어
길가에 꽃잎밥 차곡차곡 쌓여있다

# 봄이 오면은

봄이 오면은 붉은 찔레꽃이 피겠지요
엉킨 비수같은 가시 사이에서
탱자 꽃송이가 하얗게 고개를 내밀겠지요
감나무 어린 잎이 해맑은 얼굴로
악수를 청해올 것입니다
봄이 오면은 나무 대문을 활짝 열고
천둥벌거숭이로 엎드려있던 나무들이
파란 손을 흔들겠지요
숲은 얼키고 설켜 일렁일 것입니다

잠자던 개울물은 몸을 털고 일어나
계곡을 지나 강으로 어깨동무하고 길을 떠나겠지요
바다의 어귀에는 새들이 알을 낳고
새끼들은 풀숲에서 뛰놀며
조약돌로 집을 짓고 노래할 것입니다
봄이 오면은
봄만 와 준다면,

# 가을이 내게로

이파리 하나에도 그리움이 쌓여 붉게 물이 든다
떨어져 내리면서도 날아오르기를 꿈꾸는
나뭇잎을 보면서
살아갈 길이 오색 빛깔로 꿈틀거리고 있다
단 한 알의 그리움을 가슴에 품고 살아도
헛된 삶이 아니었다는 것
그대의 정수리에 답을 한 것이었다는 것
가을이 내게 오고서야 알게 되었다.
얼마나 열병을 앓았으면 온 몸이 노랗게 물이 들까
은행나무 몸을 흔들자 노랑나비 떼가 살아 날아오른다
생生의 구 할이 휘몰아치는 눈보라를 견디는 것이었다
겨울의 문턱 앞에 서니 몸속에 사리 하나쯤은
눈부시게 빛을 내리라.

가을이 내게로 온 것은 꿈의 빛깔을 확인하는 것
곕 노을 지는 가을 늦저녁에 이파리는 지고
안으로 안으로 옹골진 생이 들어앉는 것이다.

# 가을 발자국

무슨
지켜야 할 것이 저리 많아서
삼백 예순 날 밤낮을 꼬박 눈 감지 못하고
푸른 손 내밀어 바람자락 갈무리하더니

질경이 목숨 견디다가
국화동산에 무지갯빛 열매등 환하게 켜고
보름달을 맞는다
죽기 전에는 포기할 수 없는 사랑 한 알
빨갛게 익히더니
죽어서도 떠나지 못하고
나뭇잎 몸에 멍자국이 깊다

국화향기에 취해 하늘빛 노랗게 서성거린다

# 벚꽃나무 아래서

오로지 열매를 맺기 위해서 꽃이 피는 것은 아니다
홀로 견디다 견디다
때가 되어
팡!
있는 힘을 다해 터져버린 것이다
365일 중에 딱 한 번
활짝 기를 펴보는 것이다
개나리꽃도 옆 마을에서 같은 생각이라며
고개를 끄덕인다
열매 없는 잡초들이 더 창창하다.

# 정자에 앉아

푸르른 등성이를 품에 안은 영혼들이
소나무 그늘 아래 그리움을 키우는데
가파른 길이 많아서 헐떡이는 물소리

정자의 툇마루에 걸터앉은 머슴새의
시조창 가락으로 마음 자락 한가롭고
겨울을 디딤돌 삼아 억겁 세월 세누나

자투리 바람 불어 자박자박 걸어와서
울창한 청솔가지 흔들리고, 흔들리고
푸르른 어느 먼 날의 기억들을 부른다

# 환벽당 꽃무릇

붉게 탄다
가파른 돌계단 옆 등성이가 타오르고 있다
무슨 그리움 저리 많아서
이파리도 없이 터진 울화들.
상사화야!
그 긴 세월 그리움에 애달픈 날 견디다 지쳐
앓고 앓았던 가슴팍들이
썩어 문드러진 혼으로 다시 살아나
활활 타오르고 있느냐.

꽃무릇 수술들 그리움의 촉수로 피어나
정자의 툇마루에 쌓인 세월의 발자국을 세고 있는데
시곗바늘 끝에 앉은 계절의 걸음은 바쁘고
산울림이 되어 되돌아와 안기는 휘파람 소리.
돌계단 하나하나에 새겨진
먼 옛날 그대들의 작은 숨소리에 촉수를 세운다
삼베 올 구멍마다 스민 그리움
오늘도 애처로운 기다림의 몸짓이
정자가 바라다보이는 등성이에
혼불로 붉게 일어나고 있다.

# 양배추가 자라는 것은

떡잎 하나가 길을 내주면
그 안에 희망 하나가 안기고
다른 품안에 어린 꿈이 안겨들어서 포개진다
시간이 지나면 한 가닥 두 가닥 ,
새로운 떡잎들이 태어나고
하늘의 별들이 내려앉는다
침묵은 쌓이고 쌓여 포개져서
둥그런 타조알 덩어리가 된 것이다
한 포기 큰 양배추로 자라서
이젠
꿈을 펼쳐 보는 것이다
밖으로 향한 큰 잎 하나가 여러 갈래의
길들을 만들어 안으로 끌어들여
둥근 돔의 집이 되는 것이다
곰삭은 꿈을 꿀 수가 있는 것이다.

# 하현달

새벽 커튼을 걷고 창문을 여니
새벽달이 내 볼처럼 움푹 기울어져서
잠을 못 잔 벌건 눈빛으로 나를 바라보고 있다.
미안한 생각에 손을 흔들었더니
괜찮다고, 같이 떠나자고 한다

초저녁 동쪽에서 터벅터벅 걸어온
어린 달이 한밤 내내 기울고 있었다
잠든 내 머리 위에서
늙고 병든 나와 함께
닳고 닳아 반쪽만 남았구나!
늙어가는 나를 등에 업고 서쪽 산봉우리로
날마다 떠나고 있었구나
가여운 생각에 넋 잃고 바라보는 나에게
괜찮다고,
함께 가 주겠다며 환하게 웃는다
서러운 마음에 뒤를 돌아보니
동쪽 산봉우리에
햇살을 거느린 해가 빨갛게 솟아오른다

제3부

# 까마중의 영토

# 너릿재 옛길

길은 외길
다시 자궁 속으로 되돌아가는
푸른 본향길.
구불구불 새삼넝쿨의 옛 길.

배암 혓바닥 널름대는 길을
옹당우물 한 모금 먹고 걷던 길
가시덤불 성성했던 옛길을
노을 끌어안고
흔들거리며 걷고 있다
길은 언제나 애오라지 홀로 가는 길.

# 길을 잃었다

입동날 도서관 뜰 외진 자리
개나리꽃 피어 웅크리고 있다
어쩌다 제철 모르고 피어 떨고 있을까
해 질 무렵
도서관에서 쏟아져 나온 아이들
달빛 없는 골목길로 스러져간다

봄날은 멀고
되돌아 갈 수는 없는데
눈보라는 기마병처럼 북풍 휘몰아오고 있는데
길 잃은 꽃봉오리들 떨고 있다
아이들의 발자국 소리는 멀어져 들리지 않는다
어디로 가고 있을까
두 길이 멀고 아득하다
이윽고 눈이 그치고
새들도 초저녁 어둠 속으로 흩어진다.

# 등꽃 지는 소리

교회 뜰에 등꽃이 만발했습니다
활짝 필수록 낮은 곳으로 낮은 곳으로
고개를 숙이는 등꽃
새벽기도 소리와 등꽃 지는 소리가 한데 어울려
엎치락뒤치락
하늘로 올라갑니다
떠날 때를 알고 떨어져 내리는 꽃이파리
뿌리 위에 차곡차곡 쌓이는데
헛것들과 뒹굴며 놀던 호박벌 한 쌍
바삐 가는 세월 아쉬워
꽃송이에 매달려 발을 동동거립니다

산등성이 넘어 천 개의 구름자락 휘몰아옵니다
꽃이파리 한 차례
별똥별로 떨어져 내립니다
꽃잎 떨어진 자리마다 어둠 웅크려 앉아있고
향기들만 도란도란 첨탑 주위를 맴돕니다
이파리 한 잎 해찰하며 서성거리고 있습니다
꽃잎은 찬송가 소리를 따라 하늘 길을 갑니다.

# 봄을 기다리다

동백꽃이 필 날을 기다리며
눈 쌓인 산사를 거닐 때
흔적 남아있는 발자국이 보이고
청수국 흐드러진 꽃송이가 반기는 길이
서성거리고 있다.
솔바람 소리에 흔들리는 나뭇가지들
봄은 개울 건너 멀찍이 기웃거리고,

쌓인 은행잎 위에 뒹굴던
쭈그러진 은행알들이 주인인 빈집 뜰에서
뒤돌아섰던 한 가닥 두 가닥의 기억은
추억의 길이 되어가고
동백꽃이 활짝 피던 날
다시 오자던 약속이
뒷산 봉우리 푸른 손을 들고 일어선다
빨간 동백꽃 한 송이 환하다.

# 해바라기

불볕 더위에 견디며
천둥 번개 쳐도 흔들리지 않고
고개를 떨구고 서 있는 큰 꽃.

해를 바라보다 키만 자라
하늘에 꿈이 닿았다
그리움의 가슴앓이에 박힌 들숨의 멍자국들
씨앗으로 까맣게 영글어 대를 이어
해만 바라보는 조상의 후예들
한 줄기에서 흐르는 피는 수만 년이 지나도
같은 길을 걸어간다
도도하게 아래로 흐르는 강줄기

폭포를 거슬러 오르는 자가 없다.

# 논길을 가다

이야기들은 꼬리가 길어 나뭇가지에
걸려 파닥거리고
쑥부쟁이 꽃들이 귀 기울여 아는 체한다
포개지는 발자국들
새들의 조잘거림은 비밀을 만들고
숲은 알겠다고 나뭇잎을 흔들고 서 있다

구부러진 길은 곧은 길을 원하지만
길은 구불거리는 것이 제 몫이라고
지나가는 바람 자락들이 중얼거린다
그리움은 달리는 차의 뒤꽁무니를 붙들고
떨어지지 않으려고 진땀을 흘린다.
길은 엇갈리는 게 참꽃이라고
논물은 도란거리며 흐르고
소나무 숲에서 산비둘기 한 마리 날아오른다.

# 길

새들이 쫑알대는 옛길
아카시아꽃, 찔레꽃, 이팝나무꽃
하얀 꽃들의 반란
그 향기에 취해 흔들리는 숲.
천국으로 가는 허공의 계단같이
꽃가루는 휘날리고
비틀거리는 7월의 숲속
새들의 노래 소리에
여름의 길이 열리고 있다
터널이 생기기 전 헐떡이며 넘었던 고생길
자연을 찾아 몰려드는 차와 사람들로 넘쳐나고
숲은 옛 모습을 안고
사람들을 반기고 있는 산책길.
덩굴들의 길 찾기가 한창이다.
젊음이 그리움처럼 싱그럽다.
길은 또 다른 길을 만들어 사람들을 부른다.

# 가을

불빛이 가을비에 젖습니다
빗방울 아스팔트 위에서 깨어집니다
푸른 생이 듬성듬성 붉은 물이 듭니다
열병의 가슴 다독이며
한 발짝 두 발짝 그대가 떠나갑니다
인생이란 게 소용돌이치는 강가에 발 담그고
세월아 네월아 흐르는 거라데요

꽃이 피고 지는 날은 순간이더이다
여름날은 기울고 엉성한 가지들 사이로
귀뚜라미 소리에 업혀서 그대가 옵니다
뼛속 깊숙이 자리잡고 눌러앉습니다
겨울이 문턱을 사뿐히 넘어옵니다.

# 바람 소리

소쇄원 휘돌아나가는 바람의 휘파람 소리가
애양단을 넘어 옛이야기들이 되어
광풍각 처마 끝에서 흔들리고 있다
제월당 툇마루에 앉아있는 아가씨
생각의 깊이만큼 바람 소리도 깊다
어디선가 들려오는 웅얼거림,
소쇄옹의 이름이 오곡문 담장 밑 물길을 따라
도란도란 흘러간다
마디마다 정거장을 지어 쉬어가야만 닿는 길
천국을 향한 대나무 가지 끝에
선비의 글 읽는 소리 앉아 있고
정원에 핀 진달래의 분홍 꽃술이
몇백 년 전 기묘사화의 억울한 한을 전하려는가.
자목련 흐드러진 담장 아래
시간이 켜켜이 앉아 있다.

처마끝 거미 한 마리 둥근 집을 짓고
거미줄 위에 놀고 있는 햇살 한 줌
묵은 세월을 앞장서더니

옛이야기 중얼거린다
흔적이란 언제나 한 땀 한 땀 내디뎠던 발자국
정원의 나무들이 토담 위에
오색빛깔 나뭇잎을 한 장 두 장 포개놓고 있다

# 까마중의 영토

이중창을 뚫고 들어온
풀씨 하나 화분에 터를 잡고
파란 눈을 떴다
기특한 마음에 뽑지 않고 지켜보았다
자고 일어나면 한 매듭 훌쩍 커서
하얀 꽃송이들 피어나고
기세등등 푸른 열매 등을 높이 든다
인삼팬다는 옆에서 주눅이 들고
수리부엉이 날개 펴듯 영토를 넓히더니
까만 눈동자들 반짝거린다

나라 잃고 떠나간 먼 이국땅
멕시코 에네켄밭 애니깽의
눈동자들이 보인다
흰옷 민족의 눈물방울들이 살아남아
얼마나 많은 열매를 낯설은 땅에 맺을지
지켜보고 있다
까마중* 한 포기에 달린
눈동자들과 날마다 눈을 맞추고 서 있다

*가지과의 한해살이풀, 까마종 또는 깜뚜라지라고도 한다.

# 감꽃 지다

아버지 상엿길에 수북이 쌓인 감꽃
울며 따르던 길 멈춰 서서
여섯 살 가시내가 치마폭에 담아 안고
되돌아서던 흰 밥티 같은 꽃
어젯밤 양철지붕 위에 떨어지며
소쩍새 울음 소리와 장단을 맞추던 소리.

깊은 밤 감꽃이 진다
후두둑후두둑
오십 년 전에 죽은 아버지
마른 기침 소리 떠나지 못하고
몽돌밭에 감꽃이 뒹구는 소리
첫닭 울면 토막방 나서서
먼 산 넘어가는
아버지 발자국 소리.

# 가을비 소리

문 밖에 가을비 발자국 소리가
뚜벅뚜벅 헤매고 다닙니다
봄꽃은 오래 전에 지고
여름 한철 왕매미 울음 소리도
노을과 놀고 있습니다
나무이파리 지난 시간이 아쉬워
뒤를 돌아봅니다

동장군이 먼 산 넘어온다고
한밤 빗방울이 토닥토닥 재촉을 합니다
귀뚜라미 밤을 새워서
이별노래를 연습하고
빗줄기 지나가는 자리마다 빨간 멍이 들었습니다

가을 나이 앉은 자리에
농익은 생이 쌓여
속살은 속살끼리 낯 부비는 걸 좋아하고
풀벌레도 가을 귀 열어놓고
가시나무숲에서 웁니다.

# 정원의 소나무들

하늘 끝에 닿은 효심
사시사철 푸른 기도로
자라나는 그리움의 이파리들
어머니의 엉킨 길들이 뭉실뭉실
풀리고 있다.
빗방울 받아 쪼개고 있는
소나무의 날카로운 눈매들.
바람이 한 자락 접고 고개를 숙인다

못다한 효심에 소나무들이 눈물을
뚝, 뚝 흘리고 있다
어머니의 정원에 하루종일 내리는 장대비.

# 낙엽 위를 걷다

전쟁터에서 임무 마친 군인들이
길 위에 웅크리고 앉아
헐떡이며 오르는 내 발걸음을 센다
어린 싹들을 위해 온 힘 다해 싸우고
때를 기다렸다가
말없이 자리를 내어 주고 내려앉아
밑거름이 되는 이들.
밟히면서도,
하늘의 뜻을 어기지 않고
날개를 펴고 떨어져 내리는 나뭇잎들
청록빛 하늘과 억새의 몸짓이 어울려
가을 빛깔들이 출렁거린다

요양병원 뜰의 단풍나무도 곱게 차려입고
길 떠날 채비를 하고 있다.

# 옷 벗는 나무

앙칼진 겨울 추위를 모르는 게 아니다
봄을 기다려
태어날 어린 싹들을 위해
알몸으로 맞서려는 것이다

나무는 휘몰아치는 눈보라를 견디고
한 매듭 훌쩍 자라서
다음 봄날은
더 큰
그늘을 만드는 것이다
껍데기 속의 촉수들을
모두 불러내어
새로운 세대를 맞이하는 일이다.

나무들이 옷을 벗는 이유는,

제4부

# 어린왕자를 그리며

# 백목련 피어나다

강남체육관 러닝머신의 벨트가 돌고 있다
8층에서 내려다보이는 건너편 길 위에
한 무더기 목련꽃 무리가
손을 흔들고 있다
바람 한 가닥 짓궂은 얼굴로 목련꽃송이 흔들어대고
3·1 만세의 아우내장터 한구석에서
꿈틀거리며 일렁이는 흰 물결이 보인다
무명치맛자락 들불처럼 번진 만세운동의
여린 꽃봉오리들.
먹구름의 장난질로 한 잎 두 잎
'툭 툭' 아우성치며 사방으로 흩날린다
피끓는 목숨이 새하얗게 피어오르는
열 몇 살의 소녀들
관순, 순례, 영자, 순댁, 복순이……

러닝머신 벨트에 달라붙은 시간은
달려가는데
봄은 웅덩이 건너뛰지 못하고 서성거리고
장대비가 몰고 온 회초리에 우수수 지는 꽃잎.

몇 잎만 나뭇가지 부여잡고 흔들리더니
앙상한 가지가 애처롭다
뒷골목으로 터덜터덜 사라져 간 영혼들.

강물 위 꽃잎 세월은 속절없이 가고
꽃봉오리 진자리마다 나뭇잎이 파랗게
손을 흔들며 옛말을 전해온다

# 덩굴장미의 가시

얼마나 아픈 삶이었기에
몸뚱아리 땀구멍마다 비수의
칼날을 세우고
눈, 비, 바람 이겨내며 살더니
어느 5월
가지 끝마다 타오르는 횃불 높이 들고
서슬 퍼렇게 우 ~ 우 일어서서
꽃잎 흩뿌려 해야 할 말 하고 있다.

시간의 수레바퀴는 넝쿨마다 헝클어져 담을 넘고
아스팔트 길 위에서 뒹구는
빨간 꽃잎.
오월의 망국을
온몸으로 막아서다가
천 길 낭떠러지 아래로 뒹굴어 흔적도 없고
그날의 기억만 살아남아
시든 잎만 가시 사이에 매달려있다

피어나라!

오월의 덩굴장미들아
가시가 줄기마다 박혀
그날의 아픈 혼백들이 거리마다 서성일지라도
살아있는 자들은 보고 있느니
검붉은 피의 흔적들은 지울 수 없으리라.
가시 끝에 촛불을 켜고 하늘을 향해 붉게 피어나라.
오월의 사람들이여.
사방으로 뻗어 나가는 빨간 꽃송이들이여.

# 등불

등잔불이 어둠을 밝힌다고
생각했던 것은 어린 시절이었다
뒤돌아보니 어둠이 등불을 켜고 있었다
헐렁하게 살았다.

달걀이 암탉의 품안에서
때가 차면
날개가 솟듯
칠십 평생, 어머니의 어둠이
내 길의 등불을 켜는 것이었다는 걸 몰랐다

아버지의 울퉁불퉁한 길이 나를
세상 속으로 밀어 넣었다
지난 시대의 어둠이 환한 등불을 켰다는 것을……
이 시대는 알까?
밤이 달맞이꽃을 쑤~욱
밀어올리고 있다

# 꽃잎 진다

외진 골목 바람 불어
붉은 피 희게 바래어 드러눕는
꽃잎들.
시대를 잘못 태어난 죄로
천둥 번개 치는 날
칼날의 장대비 쏟아져
목메어 부르는 소리 듣지도 못하고
비췻빛 하늘가 속절없이
구름 한 점으로 떠돌고 있다

저항의 힘도 없는 여린 꽃잎
이리 뒹굴고 저리 뒹굴다가
꽃잎 무늬로 수繡를 놓았다
고목나무 둥치에
흰쌀밥이 고봉으로 쌓여
떠나는 꽃잎 영혼들 거리제 지내고 있다

# 식영정의 빗방울 소리

솔이파리 날카로운 촉수들이
떨어지는 물방울을 받아내고 있다
솔잎 끝에 앉아 초롱초롱한 물방울.
빗방울들이 뛰어내리며
풍선처럼 터지면서 내지르는 소리
탁  탁 토드락 탁 탁 토드락
바람 자락 때를 놓칠세라 흩어진 물방울을
모아들고 쏜살같이 광주호로 달려간다
천리 길 귀양살이 온 참새 떼가
솔가지에 올라앉아 옛시조를 웅얼거린다.

새들의 노랫소리가
솔바람 소리에 실려 강을 건너간다
북덕물로 요동치던 시간의 발자국들이
5월의 산천에 새잎으로 피어나고
누가 저 강물의 흐름을 돌려세울 수 있을까.
식영정 일렁이는 물에 뛰어들어
물무늬를 만든다
햇빛에 반짝이는 윤슬의 강가에는

계란꽃 한무더기 피어 손짓을 한다
'토닥 토닥'
빗소리 잠든 정자를 흔들어 깨우고 있다

# '풍류, 달빛에 놀다'를 보며

무대에서는 한량무가 공연되고 있습니다
배우 한 사람이 춤을 추고 있는데
청-공단 도폿자락이 함께 놀고 있습니다
달빛은 가사문학관을 휘황찬란하게 감싸안고
유리문을 열고 하나 둘 걸어 나오는
옛 선비들의 그림자
무대 위에서 함께 춤을 춥니다
무명치맛자락을 걷어쥐고 춤을 추는 소복 여인
사변통에 홀로 된 여자가
한恨을 휘감고 춤을 춥니다
휘 영 청
달빛 자락 올올이 감아쥐고 넋을 잃어버린
여자의 하얀 춤 사이로 작은 아이 하나 보입니다

물레방아는 덜컹거리며 돌아가고
하늘에서 반짝이는 수많은 별들
연못에 빠져서 허우적거립니다
찰진 판소리 가락은 그림자들의 바람을
불러모아 문학관 용머리에 앉아 있습니다

달빛이 놀고 있는 뜰에는 몇백 년 전 장구 소리 따라 살던
남사당패의 한숨 소리도 어울려 놀고 있습니다
무명치맛자락의 어머니 한恨.
울고 있는 딸의 눈물이 마르기 전
공연은 끝나고
흰 달빛만 정자 처마끝 허리 굽은 소나무 가지에
걸터앉아 쾌지나칭칭나네를 받습니다.

# 대숲 바람 소리

하늬바람 불어온다
광장 가득 촛불의 아우성 소리
3·1 만세의 흰 치맛자락 스치는 소리
5·18 광주민주항쟁의 젊은 넋들 웅얼거리는 소리
역사의 소용돌이치는 뒤안길에서 뒤척이던
아픈 발자국 소리들.
바람 부는 대숲에서 귀 기울이면 들린다

한강물 굽이치는 물결 소리도
천리 밖에서 듣는다
광주호가 품은 속앓이 젊은 넋도 출렁거린다
바람 불면 크게 덜컹거리는 길.
흔들리고 넘어지고 자빠졌다 일어서고
꺾일 듯 꺾이지 않는 대숲.

맑은 날
성긴 대숲 틈으로 햇살이 뭉기적뭉기적 들어온다
숲에는 가끔 환한 빛이 찾아들고
소슬바람에 흔들리는 대나무의 푸르름이

만 가지 색깔의 소리를 불러와
댓잎 끝에 치렁치렁 매달려 있다.

# 참빗나무

변학도의 수청 거절한
옥에 갇힌 춘향아!
사방은 칼날이 육신을 에워싸고
푸른 절개의 몸뚱이가 아프다
칠흑 어둠이 내린 옥사에는
한 줄기 빛도 보이지 않고
월매의 통곡 소리는 남원 고을을 뒤흔드는데
깊은 밤, 먼 곳에서 들려오는 부엉이 울음 소리.
늦은 달빛은 터덕거리며 뒤돌아보고
참빗나무*의 칼날 바삭거린다
삭정이 육신에 되살아나는 그리움
한양으로만 향해가는데
참빗나무의 붉은 이파리는 피었다 지고 피었다 진다

강물은 굽이굽이 흘러서
여인의 모습이 간 곳이 없는데
살갗 속에 감춘 속살 아직도 푸르고
에워싼 칼날에 부딪쳐 달빛만 환하게 흩어진다
소쩍새 울음 소리는 아련하기만 하고

님은 언제 오시려는지
춘향의 혼은 참빗나무 가지 속에 들앉아서
푸르게 되살아나고 있다.

*참빗나무 : 화살나무라고도 하며 껍질 속은 항상 파랗고 가지는 칼날 같은 가시로 덮혀 있다. 가을이면 이파리는 붉은빛으로 단풍이 든다.

# 옹이

나무의 임원들이
둥근 회의실을 등허리 한가운데 울퉁불퉁 지어놓고
처리해야 할 급한 일들이 많은 모양이다
돔 속에서 이루어지는 회의가
이번만은
한꺼번에 터지는 꽃송이들처럼
한바탕 흐드러지는 꽃길이었으면 좋겠다

백성들의 막힌 가슴들이 후련해지도록
빵 빵 !
터져서 여의도 국회의사당 앞뜰에
하얀 벚꽃송이로
우 ~ 우 피어올랐으면
헝클어져서 뒤엉키지 말고
둥그렇게 둘러앉아 조곤조곤 뜻을 모아
옹이 속에서 푸른 잎들이 너풀너풀
솟아오르면 좋겠다.

# 꽃잎

여린 꽃잎이 진다
미얀마 저 무뢰한 총칼 앞에
민주주의의 울부짖음이 진다
그 성성하던 꽃봉오리들이
속절없이 속수무책으로
몰아치는 바람의 뜻 모를 장난질에
꽃잎이 진다
이역만리 흩어지는 거리의
젊음들을 바라볼 수밖에 없어
벚꽃잎이 하늘로 날아올라 깃발을 든다.

# 어린왕자를 그리며

그대가 남기고 간 발자국을 찾아
세상의 사막에서
첫닭 울기 전 길을 떠나렵니다
달려도 달려도 그림자 하나 보이지 않습니다
안개 군단이 길을 지우고 마을을 지우고
칠흑의 어둠뿐입니다.
자동차 헤드라이트 불빛 한 개가
안개를 밀쳐내고 허우적허우적 헤쳐나갑니다
이 불빛마저 묻히면 어쩌나 가슴이 두근거립니다
사막 한가운데 떨어져 낯설었을 그대를 생각합니다
나는 지금 우리 별의 외톨이가 되었습니다.

네 개의 가시만으로 버티고 있을 여린
장미꽃 한 송이를 위해 육신을 벗은
그대의 영혼을 생각합니다

이웃 나라에서는
자신의 부강한 별을 위해
전쟁의 화마火魔가 활화산처럼 솟아오릅니다

한국이라는 작은 나라는 오늘도 편 가르기에 바쁜데
강물은 굽이치며 흘러만갑니다.
북쪽 나라에서는 미사일의 불꽃놀이가 한창입니다
소용돌이칩니다.
순간, 나타났다 사라지는 안개를 위해 허깨비꿈을 꿉니다
'할로인데이' 축제에서는 젊음들이 목숨을 잃었습니다.
그대, 어린왕자*님이여!
연약한 장미꽃에게 책임을 다하기 위해
의미를 찾아 떠났던
지구에 다시 한 번 오지 않으시겠습니까?
이 별이 위태롭습니다
마음으로 보는 눈이 청맹과니가 되어
깊이 보려고 하지 않습니다

"책임을 져야만 해"
아무것도 보이지 않는 어둠 속을
한 줄기 빛에 의지해 달립니다
그대를 만나기 위해서,
언제 걷힐지 모르는 안개에 덮힌

마을, 강, 산, 나무들을 찾아봅니다
그대여
오늘은 어느 별에서 반짝이고 있는지
하늘의 별들을 쳐다봅니다
보이지 않습니다.

* 생텍쥐페리의 「어린 왕자」

# 소나무의 변辯

다른 이들은 후세를 위해
이파리를 다 내어 주고 알몸으로
눈보라 견디지만
사랑은 다같은 사랑이 아니라오
나는 노란 빛깔 떡잎만 주려 하오
내가 푸르게 서 있어야
눈, 비바람 휘몰아쳐도 어린 새들이 쉬어가고
구름도 머물다 가고
빗방울 영롱하게 이파리 끝에 맺힐 게요

내 사랑은 반만 사랑이라오
이파리도 반만 주고
이슬도 반만 주고
정도 반만 주고

다 주고 싶어도 못 주는 마음은
더 애달프다오.

# 낙하落下

천 길 낭떠러지에서 떨어진다고
삶이 끝나는 것이 아니다
떨어진 자리에서 파란 싹을 틔우는
상수리 알맹이들
봄이 지나고, 여름도 가고, 가을
상처를 안고 떨어져내리는 나뭇잎들
땅 위에 쌓여서
시작되는 새로운 발걸음이다

발길에 밟혀도
한 걸음 한 걸음, 하늘의 뜻을 행하는 것
그 뜻을 어길 자는 없다
붉은 알몸으로 뛰어내리는 단풍나뭇잎
허공을 날으며 새로운 꿈을 거미줄에 걸어놓고
출렁거린다.

떨어져 본 자들만 다시 올라가는 길이
환하게 보인다.

# 낙엽이 지다

수많은 죽음을 딛고 하나의 길이
열린다는 걸 나이 육십을 넘고서야 알았다
낙엽은 떨어져서도 끌어안고 앉아
깊은 길을 만든다.
먼 길 돌아가는데 힘들지 않느냐고
말을 걸어온다

떡갈잎들이 만들어 놓은
황금카펫 위를 걷는다
이파리들이 떠난 나뭇가지에는
새싹의 눈들이 꿈틀거린다
레드카펫 위를 걷기 위해
비바람에 얼마나 서성거렸을까
나라를 위해 불꽃으로 사라진 국민묘지의 영혼들.

이파리의 죽음이 마중물이 되어
큰 나무는 몇백 년을 푸르다는 걸
낙엽은 뒹굴면서 길 위로 날아오른다.

# 팻말

겨울 산모퉁이 길 주인은 간 곳 없고
팻말들이 우두커니 떨고 서 있습니다
털머위, 맥문동, 눈개승마, 산수국, 비비추,
옥잠화, 원추리, 마삭줄……
주인들이 있었던 자리에 낙엽들만
바스락거리며 뒹굴고 있습니다
어디로 떠난것일까요

창녕조씨세장산昌寧曺氏世葬山의 돌비석을 지나다가
가슴 속에서 덜컹거리는 팻말의 궁시렁거림을 듣습니다
아버지, 어머니, 형제, 친구, 연인, 스승들
살아온 길목에서
같이 울어주던 이들
그들은 간 곳이 없고 몸뚱이 안에서 덜그럭거리는 팻말들.
겨울 지나 봄이 오면 팻말이 서 있던 자리에
주인들이 다시 돌아오겠지요
가슴 속에서 철렁거리는
팻말의 주인들은 어디에서 숨박꼭질을 할까요
옛집 사립문 앞에서 서성거립니다

그리운 얼굴은 보이지 않고 바람자락이
빈집을 들락거립니다
봄날 다시 볼 수 있을 것 같아 두리번거리지만
멧부리 울음 소리 골짜기로 내려오고
풀뿌리들만 서성거립니다.
햇살은 뉘엿뉘엿
붉은 노을 서산 봉우리를 넘어갑니다.

# 꽃무릇의 시절

'쑥 쑥'
땅을 밀고 올라오는 그리움들
우리는 그리움 하나씩
가슴에 품고 산다
붉다 못해 검붉어진 사연들은
꽃송이를 바라보아도 외로움이다
홀로 왔다가 혼자 돌아가야 하는 길
멀고 아득하다
한 잎의 친구도 없이
빨간 꽃송이 하나를 안고
소리 없이 가는 길이다

수술 끝에 등을 켰던 한 시절은
별을 바라는 꿈이었다
시계바늘의 걸음은 붙잡을 수 없는 것
열매 없이 떠나는 그리움
농창하게 익어가는 길이다

# 제5부

# 구절초 사랑

# 수련꽃

수렁에서도 반짝이는 그녀
흙탕물 일생을 맑게 인도하는 그녀
어딘지 모를 속 깊은 마음 아득해서
까마귀 울음마저도 달래주는 그녀
바람이 휘몰아치는 긴 밤에도
흔들리지 않고 버티고 서서 하늘의
별이 되는 그녀
어머니!
오만 잡것들까지 다 거둬 먹이고도
탱탱하게 배가 부른 그녀
하늘의 수많은 별 호수에 불러들여
붉덕물 소용돌이치게 하는 그녀.

# 꿈, 살다

눈보라 휘몰아치는 강가에서
온 힘 다해 키워온 꿈
꽃등 켜 들더니
어느 날 '툭'
송두리째 붉은 꿈 떨어뜨리고
미련 없이 뒤돌아서는
동백의 뚝심이 부럽다

겨울 눈보라 속 핏빛 꽃송이로 피어
견디는 꿈을 동백꽃이라 이름 지었을까
초례청에 곱게 단장하고 앉아
이파리들 꽃봉오리 받쳐들고 서슬이 퍼렇다
송이째 버릴 수 있는 꿈들이
꽃송이 진 자리마다 소리 없이 되살아나고 있다.

# 등꽃 피는 계절

등꽃이 피었네요
가로등도 없는 국도변에
수만 송이의 등불을 켜들고 길을
밝히고 있네요
차창에 비치는 희미한 외딴길
터덕거리는 새모래덩굴의 길동무가 되어
환하게 별빛과 어울려
치렁치렁 매달려 불꽃놀이를 하네요.
멀리서 달리는 차들의 불빛이
민망한 듯 고개를 숙이네요.
보라 빛깔이 산등성이를 환하게 밝히네요
칡넝쿨도 그 빛을 따라 길을 가네요.

# 한옥과 맨드라미꽃

보성 강골마을 이용욱 가옥
사립문을 열고 들어서면
종가 인물들의 뜨겁게 뛰던 심장들이
귀틀 끝 마당에 붉은 맨드라미꽃으로 피어
사리舍利 씨앗을 품고 햇살 아래 버티고 있다

오순도순
가훈家訓 같은 까만 알들을 품고 서 있다
금방 날아오를 것 같은
수탉의 볏이 마당가에 당당하다.

# 양이역취꽃

장대비 쏟아지고
마을 앞 구석진 길섶에
허리를 구부정하게 버티고
노란 꽃송이들 만삭이 되어 등을 기대고 서 있다.

미국에서 날아와 미국미역취란다
한국 어미의 탯줄 달고 태어나
명사도 모르고 미국으로 입양 간 아가들
아메리카 대륙 어느 외딴 곳에 뿌리를 내리고 있을까.

이역만리 우리 땅 산골 마을에 날아와서
날개를 접고
노란 얼굴로 인사하는 꽃
양이역취꽃송이 속에 입양 간 아가들의
눈망울이 나를 빤히 바라보고 있다

# 동백꽃송이의 꿈

너는 나고 나는 너인 듯한데
너는 별을 바라보고
나는 반딧불이를 어루만지니
하늘과 땅 사이 먼 거리
그리움만 돌탑 위에 앉아 두 손을 흔들고

산사 뒷동산에
빨간 동백꽃 송이째 '툭' 떨어져 뒹군다
호랑나비 한 마리 훨훨 날아간다.

# 봄, 바람

산과 길이 어우러진 한 마당에
대책 없이 피어나는 꽃숭어리들,
환하게 길을 만들어 가고
어둠은 어둠 위에 쌓여 웅덩이 건너뛰지 못하는데
꽃이파리들 어둠을 걷어내고 있다.

잠자던 뿌리들 꿈틀거리며 깊은 밤
소리 없이 온 힘을 다해 펌프질을 시작했다
봄이다!
산천이 어우러져 춤을 추고,
만물이 창문을 열고
고개를 내밀어 안부를 묻는다
먼 길 돌아온 바람은
봄을 얼싸안고 햇살 한 줌 쥐고 달아난다

어처구니없으면 미쳤다고 한다.
꽃이 만발한 미친 계절이다.

# 장미의 가시

아픔이다
어깃장이다.
빨간 꽃잎에 먹칠이다
질투심이다.
움푹 패인 메마른 동굴이다.
살아있는 칼날이다.
웅크려 핀 흰 탱자꽃보다 붉다.

# 돌계단, 오르다

날개 잃은 참새 한 마리 돌계단을
오르고 있다.
몸짓으로 부르는 적송들의 휘파람 소리에 이끌려
한 계단 두 계단 팔닥거리며 오른다
아득하다
헐떡거리는 숨소리.
천리 길을 날아와 이 산등성이에 들앉은
이름 없는 풀잎들 수런거리고
쑥국새 한 마리 정자의 솔가지에 앉아
옛이야기를 울어대는데
덩달아 까치 한 마리
시조 한 구절을 읊고 있다

송강정 오르는 계단 하나하나에 새겨진
풍진 세상을 건너온 발자국들이
마음을 휘저어 놓고
풀벌레의 두런거림에 따라 올라
섬돌 위에 앉아 있는 작은 새 한 마리.
소나무 붉은 가지들이 송강정을 향해

고개 숙이고
삿갓 쓴 노승 한 분 방안에 앉아
잔기침을 하고 있다
휘몰아오는 바람 소리에 짙은 솔향기 흩뿌려지고
향기에 취해 산봉우리들이 '우~우' 파랗게 일어선다.

# 구절초 사랑

고목 아래 정화수 떠다 놓고
새벽이면 머리 곱게 빗어 은비녀 꼽고
아홉 번 절하고 두 손 싹싹 빌고
아홉 번 절하고 가슴 쓸어안고
아흔 아홉 구비 넘고 넘어
일생을 마친 여자

갸날픈 허리 꺾일세라
정신줄 가다듬고
앞산 봉우리 쳐다보며
잘 살아내야지 잘 살아야지
푸념처럼 앙가슴 다독이던 여자.
흰 꽃송이로 되돌아와 피어
오가는 이들 어루만져주고
깊은 계곡에 서성거리고 서 있다.

사랑하는 이 못 잊어 죽지도 못하는 영혼
산골짜기에 너풀거리고 피어서
아홉 번 절하고 세 번 비는

구절초 하얗게 바랜 사랑.
기다리는 발자국 뚜벅뚜벅 찾아오려나
그리움은 가슴을 파고든다.

# 봄날의 꿈

맑아서 좋다
푸르러서 그냥 좋다
물결치던 삶이 날카롭게 솟아올라
꿈틀거린다
만물이 파랗게 두 손을 들고 질문을 한다
민들레 노란 꽃잎으로 대답을 하고

숲은 푸른 색으로 '우~우' 일어서고 있다
여름날은 칡넝쿨 따라 하늘 길을 열어가고 있다.

# 지는 꽃이파리

하늘의 별 우수수수 떨어져
'풍덩'
빗물에 목욕을 한다
호수 위에 떠 있는 별들의 잔치.
별과 지는 벚꽃잎들이
하늘과 땅을 탱탱하게 버팅기고 있다.
빗방울과 놀고 있는 붉은 꽃이파리들
호수는 지켜보며 묵언수행 중이다.

강으로 떠나는 수백 척의 꽃잎 배들.

# 여름날

산들이 우 우 우
구름떼처럼 일어선다
긴 겨울의 침묵이 너무 어둡고 추워서
견디는 게 힘들었나보다.
더 높이 솟아오른다.
아장거린 봄소식 솜사탕으로 부풀어오르더니
여름 한철 매미 소리
하늘 땅이 흔들린다
한철 소리 없는 푸른 공연이 시작되었다.

# 뱀딸기

잡풀들의 찰랑거림 속에 숨어서
짐승의 눈동자들
무엇을 노리고 있는 것일까?
알아차리지 못한 풀잎들이
수줍은 얼굴로 가려주고 있다
알을 노리는 빨간 눈동자
독사의 머리 웅크리고 앉아있다
길은 꾸불꾸불 엉켜 있어 마삭줄이다

숲은 모든 길을 품고 있다.

# 자연을 통한 '길'의 심상과 생명성, 실존 탐구

-조의연 시집 『엉겅퀴꽃, 흔들리다』

강 경 호

(시인, 한국문인협회 평론분과 회장)

1.

서정시에서 '자연을 모방한다'는 아리스토텔레스의 오래된 명제는 여전히 유효하다. 인류의 역사가 드러낸 인간의 비극을 자연이 지닌 생태학적인 특질에서 발견하여 자연의 아름다움은 물론 인간의 운명과 삶의 방식을 노래해왔다. 그런데 인간의 욕망에 의해 자연이 훼손되어 가는 절체절명의 순간에도 인간은 여전히 자연을 마음의 중심에 두고 그리워하며 닮아가고자 한다. 조의연 시인의 이번 시집 대부분의 시편들도 '자연'을 모범교과서로 인식하고 다양한 자연의 모습과 그 자연에 견주어 인간의 삶을 노래하고 있다.

이번 시집에서 이전의 시집과 차별성을 갖는 시적 특성은 '길'의 심상을 노래한 시편들이 많다는 점이다. 시적 상징으로서 '길'은 사전적인 의미를 넘어 여러 가지 모습으로 나타난다. 어둠을 밝히는 기제에서부터 삶을 견인하는 이정표에 이르기까지 긍정적인 이미지로 작동하고 있다. 그리고 그의 시적 경향에서 특히 주목되는 것은 실존에 대한 탐구와 모색이다. 물론 대부분이 자연의 생태적 특징에서 이를 발견하는데 이러한 시적 탐구는 그의 이번 시집의 수준을 한차원 높은 경지로 이끄는데 큰 역할을 하고 있다. 시인의 또다른 관심사는 자연을 시적 소재나 주제로 삼고 있는 까닭에 당연히 생태학적 상상력을 강조한다. 이러한 경향 또한 기존의 생명성 탐구와는 다르게 자연의 모습을 섬세하게 관찰하며 자연이 지닌 생명성을 묘파하고 있어 참신하다.

2.

흔히 우리가 알고 있는 '길'은 사람이나 동물, 자동차가 지나갈 수 있게 땅 위에 낸 일정한 공간을 말한다. 그러나 사전적 의미의 길만으로는 시의 의미를 모두 담아내지 못한다. 시인의 언어는 다양해서 다의적多意的으로 사용이 가능해야 한다. 그러므로 사전적 의미를 훨씬 능가한다.

조의연 시인의 시 속에서의 '길'은 '어둠을 밝히는 등불'(「등꽃 피는 계절」), '지향하는 어떤 세계'(「길을 잃었다」),

'천국으로 오르는 통로'(「등꽃 지는 소리」), '이상적 세계에 이르는 과정'(「바람소리」), '겨울에서 봄에 이르는 과정'(「봄을 기다리다」), '태양을 바라보는 해바라기의 마음'(「해바라기」). '지향성'(「논길을 가다」), '시간의 흐름'(「가을」), '계절의 흐름'(「너릿재 옛길」) 등 수없이 많은 의미의 길이 있다.

먼저 「등꽃 피는 계절」을 살펴본다.

등꽃이 피었네요
가로등도 없는 국도변에
수만 송이의 등불을 켜들고 길을
밝히고 있네요
차창에 비치는 희미한 외딴길
터덕거리는 새모래덩굴의 길동무가 되어
환하게 별빛과 어울려
치렁치렁 매달려 불꽃놀이를 하네요.
멀리서 달리는 차들의 불빛이
민망한 듯 고개를 숙이네요.
보라 빛깔이 산등성이를 환하게 밝히네요
칡넝쿨도 그 빛을 따라 길을 가네요.

-「등꽃 피는 계절」 전문

"가로등도 없는 국도변에/수만 송이의 등불을 켜들고 길을/밝히고 있"다. 가로등도 없는 국도변의 길은 길이지만 길이 아니다. '국도변'을 지나는 자동차가 불을 밝혀야 길을 갈 수 있다. 길이 있어도 어두우면 갈 수 없기 때문에 길이 아니다. 길은 갈 수 있어야 길이 될 수 있기 때문이다. "차창에 비치는 달빛에도 희미한 외딴길"을 "터덕거리는 새모래덩굴의 길동무가 되어/환하게 별빛과 어울려" 갈 수 있다. 그런데 국도변의 어둠을 환하게 등꽃이 피어서야 비로소 환한 길이 나타남으로서 길이 될 수 있다. 여기에서 '환하게'와 "수만 송이 등불을 켜고" 있는 등꽃은 서로 언어 미학적인 관점에서 보이지 않는 것을 밝게 하므로 길이 나타난다. 실제로 등꽃이 등불이 될 수 없지만 등꽃의 관념이 불을 의미화시킨 시인의 상상력에 의해 어둠 속의 길을 비추므로 없는 길이 나타나는 까닭에 '어둠'과 '밝음'의 빛의 지각력을 시 속에 투사시켜 길을 만들어내고 있다. 그러므로 "칡넝쿨도 그 빛을 따라 길을" 간다는 화자의 진술이 가능한 것이다.

「봄, 바람」에서도 '밝음'이 '어둠'을 걷어냄으로 해서 길을 내고 있다 한다. 그러나 "잠자던 뿌리들 꿈틀거리며/소리 없이 온 힘을 다해 펌프질을 시작"한다. 봄이기 때문이다. 여기에서 주목해야 할 것은 '잠'의 기표가 의미하는 것은 '한밤'이다. 그런데 잠자던 뿌리들이 꿈틀거리며 잠에서 깨어나는 것은 '꽃숭어리' 즉 '밝음' 또는 '빛' 때문이다. 그런 까닭에 봄이 오는 것이고 생명이 움트는 것이다. '빛'이 '어둠'을 물리침으로 해서 봄이라는 길이 열렸다고 할 수 있다. 그러므로 "먼길 돌아온 바람은/봄을 얼싸안고 햇살"을 받고 피어오르는 것이다. '빛'이 '봄'을 부르고 '바람'을 불러와 "꽃이 만발한 미친 계절" 봄이라는 또다른 길을 연 것이다.

「길을 잃었다」에서는 '길'의 상징이랄 수 있는 '봄'이 멀기 때문에, 즉 "눈보라는 기마병처럼 북풍 휘몰아 오"기 때문에 "길 잃은 꽃봉오리들이 떨고 있"고, "아이들의 발자국 소리가 멀어져 들리지 않는" 상황이다. 앞에서 살폈던 '길'의 상황과는 정 반대인 까닭에 "봄날은 멀고" "새들도 초저녁 달빛 속으로 흩어"지는 것이다.

「해바라기」에서는 앞에서 보았던 '길'과는 다른 길이 전개된다.

해바라기 해만 바라본다
불볕 더위에 견디며 서 있는 해바라기 꽃송이들
천둥 번개 쳐도 흔들리지 않고
고개를 떨구고 서 있는 큰 꽃.

해를 바라보다 키만 자라 하늘에
꿈이 닿았다
그리움의 가슴앓이에 박힌 들숨의 멍자국들
씨앗으로 까맣게 영글어 대를 이어
해만 바라보는 조상의 후예들
한 줄기에서 흐르는 피는 수만 년이 지나도
같은 길을 걸어간다
도도하게 아래로 흐르는 강줄기

폭포를 거슬러 오르는 자가 없다.

-「해바라기」 전문

해바라기는 “불볕 더위에 견디며” “해를 바라보다 키만 자라 하늘에/꿈이 닿”는다. 해를 좇기 때문에 해바라기라는 이름을 얻었듯 해바라기는 오직 해를 바라본다. 그러므로 해바라기의 이러한 생태적 특징을 ‘그리움’이라고 화자는 말한다. 이 그리움의 힘이 해바라기를 해바라기답다는 정체성을 만들었는데, 그것은 “씨앗으로 까맣게 영글어 대를 이어/해만 바라보는 조상의” 유전자를 받은 “후예들”이 될 수 있었다. 이러한 행위는 오랜 세월이 지나도 같은 길을 가게 한다. 이러한 해바라기가 살아온 시간과 역사를 “도도하게 아래로 흐르는 강줄기”라고 화자는 인식한다. 참으로 끈질기게 오직 해를 바라보는 해바라기의 특성은 하나의 ‘길’이며, 거역할 수 없는 ‘강줄기’라고 할 수 있다. ‘강줄기’ 그 자체가 해바라기가 만들어온 길이 아닐 수 없다. 눈에 보이지 않는 해를 향하는 정신이 곧 ‘길’이어서 폭포가 늘 아래로, 낮은 곳으로만 흐르듯 변할 수 없는 해바라기의 총체성이 곧 ‘길’이라고 화자는 말하고 있다.

이밖에도 ‘길’의 의미를 새롭게 해석한 작품으로는 「나주호」, 「낙엽 위를 걷다」, 「옷 벗는 나무」, 「낙하」, 「낙엽이 지다」, 「뱀딸기」, 「꽃무릇의 시절」 등이 있다.

「나주호」는 “시나브로 모여든 실가닥의 물줄기”를 하나의 길로 형상화하여 나주호에서 만나 또다시 어디론가로 흘러가는 길을 묘사했고, 「낙엽 위를 걷다」에서는 “어린 새싹들을 위해 온 힘을 다해 싸우고/때를 기다렸다가/말

없이 자리를 내어주고 내려앉아/밑거름이 되는 이들"의 세대교체 과정을 길로 의미화 하였다. 「옷 벗는 나무」에서는 나무들이 겨울이 되어 낙엽으로 떨어져 "더 큰/그늘을 만드는 것"이라고 하여 「낙엽 위를 걷다」와 같이 '세대교체' '희생의 밑거름'하는 과정을 '길'로 인식하고 있다. 이러한 인식은 「낙하」에서도 반복되고 있다. 그럼으로써 "떨어져 본 자들만 다시 올라가는 길이/환하게 보인다"고 하여 인간의 삶에 비유하여 의미를 확장하고 있다. 「뱀딸기」에서는 "숲은 모든 길을 품고 있다."라고 하며 생존을 위해 살아가는 '짐승' '알을 노리는 빨간 눈동자'들을 '길'로 인식하여 약육강식, 또는 적자생존의 방식으로 살아가는 것들의 제각각의 삶을 '길'이라고 하고 있다.

이처럼 이번 조의연 시집에서 주목되는 시적변화는 자연이라는 거대한 생존의 숲, 또는 저수지 같은 세계에서 제각기 생존을 위해 자신의 삶을 살아가는 다양한 생명체들의 삶을 '길'로 파악하고 있는 점이다.

3.

앞에서 살펴본 것에서 알 수 있듯이 자연은 어떤 방식이든 제각각의 생존방식을 터득하고 있다. 그 중심에는 '생명성'이 자리잡고 있다. 우리 선조들의 삶의 방식에서는 '생명성'을 아주 소중히 여기는 삶의 방식을 가지고 있었다. 인간만을 위하는 탐욕적인 삶이 아니라 우리 선조들의 민속적인 삶에서 겨울 먹이가 부족한 새들을 위하여 이른바 '까치밥'이라고 부르는 감을 감나무에 몇 개씩을 남겨주는 아량과 여유, 그리고 산에서 제사를 지내고 산에 사는 짐승들을 위해 음식을 나눠주는 행위인 '고수레'가 그 대표적인 생명성을 실천하는 방식이었다.

조의연 시인의 시집에서는 자연의 모습을 내밀하게 관찰하여 자연이 지닌 원초적인 생명의 본질을 묘파하여 더 높은 차원의 생명성을 시를 통해 형상화하였다.

이중창을 뚫고 들어온
풀씨 하나 화분에 터를 잡고
파란 눈을 떴다
기특한 마음에 뽑지 않고 지켜보았다
자고 일어나면 한 매듭 훌쩍 커서
하얀 꽃송이들 피어나고
기세등등 푸른 열매 등을 높이 든다
인삼팬다는 옆에서 주눅이 들고
수리부엉이 날개 펴듯 영토를 넓히더니
까만 눈동자들 반짝거린다

나라 잃고 떠나간 먼 이국땅
멕시코 에네켄밭 애니깽의
눈동자들이 보인다
흰옷 민족의 눈물방울들이 살아남아
얼마나 많은 열매를 낯설은 땅에 맺을지
지켜보고 있다
까마중 한 포기에 달린

눈동자들과 날마다 눈을 맞추고 서 있다

-「까마중의 영토」 전문

시인은 눈에 보이는 것만을 보지 않는다. 사물의 기표 이면에 숨겨진 진실을 포착하는 힘을 지녔다. 이 작품은 까마중의 생명성을 통해 민족수난기에 새로운 삶의 터전을 찾아 멕시코에 이민 간 선조들의 불모의 땅에서 온갖 고난을 극복하고 살아남은 끈질긴 생명의식을 노래하고 있다. 이중창을 뚫고 들어온 풀씨가 화분에서 뿌리내리는 일은 쉬운 일이 아니다. 매우 강인한 삶의 의지를 지닌 까마중이라는 식물이 마침내 화분에서 싹을 틔우고 자라 꽃을 피워낸다. 그런데 본래 화분에서 자라던 인삼팬다는 죽고 밖에서 날아들어온 까마중만이 푸르게 자란다. 이것을 눈여겨 본 화자는 멕시코라는 낯설고 머나먼 대륙으로 건너가 에네켄밭에서 궂은일을 하며 노예처럼 살아가지만 까마중 열매처럼 까만 눈동자를 반짝이며 지난한 삶을 이겨낸 선조들의 삶을 주목한다. 화자가 처음에 바라본 것은 어디선가 씨앗이 날아와 화분에서 뿌리를 내리는 강한 생명력에서 애니깽이라고 부르는 멕시코 이민 1세대들의 강인함을 떠올린다.

「봄이 오면은」은 봄이 되어 생명의 촉수를 내밀고 생명 활동하는 온갖 생명들의 활기찬 모습을 그려낸다. '붉은 찔레꽃', '탱자꽃송이', '감나무 어린 잎' 등의 시어가 생명성을 더욱 강조하는 기제로 작용하고 있다.

「봄날의 꿈」은 아주 짧은 작품이지만, 시제가 말하듯 '봄날의 꿈'이 '맑음'과 '푸르름'을 드러내는데 강조하고 있다. '맑음'과 '푸르름'은 칙칙한 겨울을 지낸 '만물'이 '꿈틀거리'고 '민들레 노란 꽃잎'은 꽃잎을 피워 생명성을 질문하고 화답한다. 그러므로 '숲'은 "푸른색으로 '우~우' 일어서고 있"는 모습이 역동적이다. 이처럼 "칡넝쿨 따라 하늘길을 열어가고 있"는 것이다.

다음의 「벚꽃나무 아래서」는 생명성을 노래한 시편에서 강한 인상을 남긴다.

> 오로지 열매를 맺기 위해서 꽃이 피는 것은 아니다
> 홀로 견디다 견디다
> 때가 되어
> 팡!
> 있는 힘을 다해 터져버린 것이다
> 365일 중에 딱 한 번
> 활짝 기를 펴보는 것이다
> 개나리꽃도 옆 마을에서 같은 생각이라며
> 고개를 끄덕인다
> 열매 없는 잡초들이 더 창창하다.
>
> -「벚꽃나무 아래서」 전문

이 작품 역시 매우 짧은 형식으로 '생명'의 환희를 잘 나타내고 있다. 흔히 꽃이 피는 이유를 열매를 맺기 위한 전단계로 생각한다. 그러나 벚나무는 일 년 동안 "홀로 견디다 견디다/때가 되어/팡!/있는 힘을 다해" 꽃을 피우는데 더 의미를 두고 있다. 벚나무가 꽃을 피우자 개나리꽃도 꽃을 피우는 일이 가치있는 일이라며 고개를 끄덕이며 동조하는 데에서 꽃을 피우는 일이 "활짝 기를 펴보는 것"임을 알 수 있다. 그리고 벚나무 아래에 있던 "열매 없는 잡초들이 더 창창하다."고 한다. 화자가 꽃피우는 일이 일 년 중 가장 활기있는 순간임과 더불어 왕성한 생명력으로 잡초들이 무성하게 자라는 것에 주목함으로써 생명의 힘에 주목하게 한다.

「도리깨질 소리」는 특이한 소재이지만 농경사회에서 흔히 보아왔던 일상의 일화를 다시 소환함으로써 결실을 맺는 즐거움과 더불어 삶의 의미와 생명의 본질을 묘파하고 있다. 마당에서 농부가 도리깨질로 콩타작을 하고 있고, 콩알들이 튀어 마당가로 굴러간다. 이를 본 수탉이 콩알을 주워먹으러 쫓아간다. 이러한 모습은 오직 인간만을 위한 농경이 아니라 사람과 뭇 짐승들까지 함께 추수의 결실을 공유함을 해학적으로 노래하는 소란스러운 가을날의 한때가 아름답게 느껴진다.

「양이역취꽃」에서는 양이꽃의 생명력과 외국으로 입양간 입양아들의 삶을 대비시켜 우리나라 사람들의 생명성을 하나의 문제의식으로 제시하고 있어 주목된다. 미국에서 온 외래수종인 양이역취꽃이 낯선 땅에서 "노란 꽃송이들 만삭이 되어 등을 기대고 서 있"는 모습에서 생명의 가치와 자신의 유전자를 번식시키는 생태적 특징에서 입양 간 우리 아이들의 눈망울을 발견하고 있다.

4.

살펴본 것처럼 조의연 시인의 시편들은 대부분 자연의 생태적인 모습에서 시적발화가 이루어지고 있다. '길'의 의미를 모색하고, '생명성'을 탐구하고 있다.

조의연 시인의 시적경향의 중요한 또다른 한 줄기는 '실존'의 문제를 깊이있게 묘파함으로써 시적 무게와 진중함, 그리고 삶의 가치를 자연을 통해 노래하는 부분이다. 주지하다시피 시인의 시가 자연을 포함한 우주와 사물의 진실을 찾아내는데 가장 중요한 의미이다. 다시 말해 서정시에서 그 중심에 '인간'에 대한 탐구가 우선한다. 그러므로 시인은 실존의 의미를 모색함으로써 어떻게 살 것인가를 가장 큰 화두로 삼고 있음은 당연한 일이다.

이파리 하나에도 그리움이 쌓여 붉게 물이 든다
떨어져 내리면서도 날아오르기를 꿈꾸는
나뭇잎을 보면서
살아갈 길이 오 색 빛깔로 꿈틀거리고 있다
단 한 알의 그리움을 가슴에 품고 살아도
헛된 삶이 아니었다는 것.
그대의 정수리에 답을 한 것이었다는 것
가을이 내게 오고서야 알게 되었다.
얼마나 열병을 앓았으면 온 몸이 노랗게 물이 들까
은행나무 몸을 흔들자 노랑나비 떼가 살아 날아오른다

생生의 구 할이 휘몰아치는 눈보라를 견디는 것이었다
겨울의 문턱 앞에 서니 몸속에 사리 하나쯤은
눈부시게 빛을 내리라.

가을이 내게로 온 것은 꿈의 빛깔을 확인하는 것
겹 노을 지는 가을 늦저녁에 이파리는 지고
안으로 안으로 옹골진 생이 들어앉는 것이다.

-「가을이 내게로」 전문

앞에서 밝혔듯이 조의연 시인의 시에서는 자연을 화두로 삼아 자연이 지닌 생태적인 특징을 내밀하게 관찰하고 그것들이 지닌 의미를 발견한다. 이 작품에서도 나무이파리에 주목한다. "이파리 하나에도 그리움이 쌓여 붉게 물이 든다"며 가을을 맞아 단풍이 든 나무 이파리의 아름다운 모습을 시의 전경에 배치한다. 이러한 모습은 가을이면 흔히 볼 수 있는 식상한 풍경으로 느껴질 수 있다. 그러나 화자는 단풍 든 이파리에 대한 사색을 펼침으로써 시의 의미 투사와 함께 시인의 내면을 들여다볼 수 있다. 단풍이 되어가는 과정을 "그리움을 가슴에 품고 살아도/헛된 삶이 아니었다는 것"과 "그대의 정수리에 답을 한 것이었다는 것"을 가을이 내게 옮으로써 깨달았다고 고백하는데, 이는 세상에 태어나 청년시절을 지나 노년에 이르는 과정을 단풍 든 이파리에서 읽었다는 뜻이다. 이러한 과정이 화자의 눈앞에 펼쳐진 단풍든 풍경에서 마치 단풍이 되는 과정의 시간을 '그리움'으로 인식하고 있음은 놀라운 대목이다.

누군가를 위한 마음이 "얼마나 열병을 앓았으면 온몸이 노랗게 물이 들까"라는 깊은 사색과 "은행나무 몸을 흔들자 노랑나비 떼가 살아 날아오"르는 환타지 같은 풍경에서 "生의 구할이 휘몰아치는 눈보라를 견디는 것"이었음을 깨닫게 되기에 이른다. 그러므로 화자는 "가을이 내게로 온 것은 꿈의 빛깔을 확인하는 것"이며 단풍이 떨어지는 것에서 "안으로 안으로 옹골진 생이 들어앉는 것"이라고 하며 실존의 과정이 견딤이며, 그리움이라는 인식에 이른다.

「옹이의 집」에서는 나무들의 옹이를 생각한다. 비바람에 꺾인 나무에 옹이가 생기기 마련이지만, 그것은 상처의 흔적이다. 그렇지만 나무는 견디어왔다. 그러면서도 새들이 도시를 다녀와 조잘거리는 소리에서 "간신히 목숨부지한 삶의 이야기"와 그것을 "다 삭히지 못해 응어리진 언어들도" 모두가 옹이라 생각하게 된다. 상처가 부풀어 올라 "밤새 '끙끙' 앓다가 몸뚱이에 종기가 되어/딱딱하게 굳은" 옹이가 마침내 "빗장 걸린 둥근 집 한 채가 된 것"이라는 깨달음을 통해 실존의 과정이 녹록치 않음을 말해준다.

「화음和音」은 나무들의 생태적 특징에서 결과적으로 인간의 상생에 대한 메시지를 던지는 작품이다. 숲에서 나무들끼리 살다보면 "다른 손이 쑥 옆구리를 파고들어"오기도 하지만 "욕하지 않"고 "소리 없이 자신의 팔을 내려준다"고 한다. 의인화법을 통해 나무들의 마음을 읽어내는 것이다. 빼꾸기들이 시끄럽게 소리를 질러대도 "시끄럽다고 화를 내는 새는 없"고, "개울물은 맑고 차분하게/합창을" 함으로써 오히려 화음을 이룬다는 시인의 상상력이 인간에게 실존의 방식을 알려주고 있다.

이러한 또다른 예를 보여주는 작품이 「어울리다」이다.

앞 봉우리가 뒷 봉우리를 어부바하고
그 뒤 봉우리는 더 높은 바위산 봉우리를 업고
그 뒤 봉우리는
더 높은 할아버지 봉우리를 업고 또 업고……
첩첩이 기대어 살아가는 산봉우리들.
그 품안에서 골짜기에 햇살은 찾아들고
숲들이 파랗게 꿈틀거리며 살아가는
겹겹이 어울린 세상.
늘 푸른 모습으로 노송은 곧게 서서
사시사철 푸른 힘을 보태고 서 있다.

-「어울리다」 전문

우리는 '산'이라는 자연을 대부분 풍경으로만 바라본다. 그러나 조의연 시인의 시적 상상력은 의인화법을 구사함으로써 "앞 봉우리가 뒷 봉우리를 어부바하고/그 뒤 봉우리는 더 높은 바위산 봉우리를 업고/그 뒤 봉우리는/더 높은 할아버지 봉우리를 업고 또 업고……"고 있다고 한다. 기발한 생각이다. 한편의 산수화를 앞산이 뒷산을 업고, 또 뒷산은 그 뒷산을 업고 있는 것으로 바라볼 수 있을 것 같다. 이처럼 "첩첩이 기대어 살아가는 산봉우리들"은 탐욕스러운 인간의 모습과는 본질적으로 다른 온화하고 서로를 아껴주는 아름다운 공동체가 아닐 수 없다. 그러므로 "그 품안에서 골짜기에 햇살은 찾아들고/숲들이 파랗게 꿈틀거리며 살아가는/겹겹이 어울린 세상." 인간이 꿈꾸는 공동체적인 이상세계를 산들이 보여주는 걸 우리는 아무도 몰랐다. 조의연 시인의 상상력은 이처럼 보지 못하는 것을 보게 해주는 따스함과 진중함이 있다. 그리고 이 작품의 말미에서 "늘 푸른 모습으로 노송은 곧게 서서/사시사철 푸른 힘을 보태고 서 있"는 것이 마치 마을의 품이 넓은 큰 어른처럼 느껴진다.

「엉겅퀴꽃, 흔들리다」에서는 엉겅퀴꽃을 아름다운 '팜므파탈'로 바라보고 있다. 엉겅퀴꽃은 민가 가까운 들이나 산에서 자라는 식물이다. 그런데 어쩌다가 깊은 산속에까지 와서 살게 되었는지는 모르겠지만 사람들 마음을 설레게 한다. 거칠고 메마른 척박한 땅에서 아름다운 꽃을 피운 아름다운 여인 같은 꽃에 바람이 장난질하고 벌 나비 떼가 날아와 꽃을 흔든다. 불모의 땅에서도 견디어내며 꿋꿋하게 살아내는 모습에서 시인은 인간의 삶이 어찌해야 하는지를 말하는 듯하다.

「하현달」에서는 화자가 새벽 커튼을 걷고 창문을 통해 바라보이는 하현달을 통해 자신의 심상을 달을 통해 드러내며 동일화를 시도한다. 곧 날이 밝아올텐데 밤새 잠못

이른 화자처럼 희미한 하현달을 바라보며 동병상련의 마음이 되어 서로에게 동화된다. “잠든 내 머리 위에서/늙고 병든 나와 함께/닳고 닳아 반쪽만 남았”다는 생각과 더불어 한편으로 고마우면서도 측은지심의 심경으로 하현달을 바라본다. 더불어 ‘하현달’을 화자 자신의 또다른 모습으로 여긴다. 이 작품의 기저에는 연민과 사랑이 흐르는데, 삶의 동반자로 하현달을 생각하는 화자의 마음이 뜨겁다.

이밖에도 자연을 통해 실존을 노래한 시편으로는 「가을이 내게로」, 「팻말」, 「노란 장미꽃 피는 집」, 「가을 단풍잎에 햇살이 닿을 때」 등의 시편에서도 앞에서 살펴본 작품들처럼 자연을 통해 인간의 실존을 모색하고 있다.

살펴보았듯이 조의연 시인의 이번 시집 『엉겅퀴꽃, 흔들리다』는 자연을 통해 ‘길’의 심상을 이끌어내고 생명성과 실존에 대한 탐구를 진중하게 보여준다. 갈수록 왜소해지는 우리 시단에 인간의 삶에 대한 깊은 통찰을 묘파하여 실존의 방식을 모색하는 조의연 시인의 시들은 가볍지 않은 사색의 깊이를 지니고 있다. 이번의 성공을 바탕으로 조의연 시문학의 빛나는 금자탑을 쌓아올릴 것을 믿는다.